BEI GRIN MACHT SICH IHR WISSEN BEZAHLT

- Wir veröffentlichen Ihre Hausarbeit, Bachelor- und Masterarbeit

- Ihr eigenes eBook und Buch - weltweit in allen wichtigen Shops

- Verdienen Sie an jedem Verkauf

Jetzt bei www.GRIN.com hochladen und kostenlos publizieren

(Weiter-)bildungsberatung. Bedeutung der Supervision, Phasenschemata von Beratungsprozessen und Entwicklung eines Geschäftsmodellentwurf

Vanessa Gisch

Bibliografische Information der Deutschen Nationalbibliothek:

Die Deutsche Nationalbibliothek verzeichnet diese Publikation in der Deutschen Nationalbibliografie; detaillierte bibliografische Daten sind im Internet über http://dnb.d-nb.de abrufbar.

ISBN: 9783346643766
Dieses Buch ist auch als E-Book erhältlich.

Druck und Bindung: Books on Demand GmbH, Norderstedt Germany
Gedruckt auf säurefreiem Papier aus verantwortungsvollen Quellen

Das vorliegende Werk wurde sorgfältig erarbeitet. Dennoch übernehmen Autoren und Verlag für die Richtigkeit von Angaben, Hinweisen, Links und Ratschlägen sowie eventuelle Druckfehler keine Haftung.

Das Buch bei GRIN: https://www.grin.com/document/1195047

Deckblatt für Einsendearbeiten im

Fernstudiengang „Erwachsenenbildung"

Adresse	
Name	Gisch
Vorname	Vanessa

Einsendeaufgabe 1

Idealtypische Ausbildung für Weiterbildungsberater/-innen

Zunächst soll der Begriff der Kompetenzen erläutert werden. Damit st die Fähigkeit gemeint, mit der die Individuen Selbstverantwortung bei der Lösung von Problemen übernehmen. (vgl. Arnold 2015, S. 18) Es handelt sich in diesem Fall um die sichtbaren Kenntnisse, Fähigkeiten und Fertigkeiten einer beschäftigten Person. (vgl. ebd. Glossar, S. VII)

Von besonderer Bedeutung ist die ständige Weiterentwicklung des Wissens und der Kompetenzen. So ist es in Bezug auf die Aufgabenstellung auch wichtig, dass die Wei-terbildungsberater/innen ihr Wissen und ihre Kompetenzen ständig erweitern, um pro-fessionell arbeiten zu können. (vgl. Tippelt 2015, S. 15)

Um die unterschiedlichen Aufgabenbereiche als Weiterbildungsberater/innen (siehe Tippelt 2015, Abb. 1: Aufgabenbereiche der Weiterbildungsberatung, S. 16 f.) abde-cken zu können, sind folgende Basiskompetenzen notwendig, über die ein/e Weiterbil-dungsberater/in verfügen sollte.

Als Voraussetzungen werden erziehungswissenschaftliche bzw. pädagogische Kennt-nisse sowie entsprechende Kenntnisse von Ansätzen und Konzepten zur Beratung, zum regionalen Arbeitsmarkt und über Weiterbildungsdatenbanken erwartet. Die Bera-ter/innen sollten über methodische Kompetenzen wie die Fähigkeit zur Interaktion und Kommunikation verfügen. Darüber hinaus ist es von besonderer Bedeutung verschie-dene Beratungstechniken/-instrumente kennen und anwenden zu können. Weiterhin sind auch die Kooperations- und Netzwerkfähigkeit sowie die Empathie und Wert-schätzung der Ratsuchenden als soziale Kompetenzen erforderlich, um sich austau-schen und wichtige Informationen erhalten zu können. Die Berater/innen sollten insbe-sondere in der Lage sein die Problemsituation der Ratsuchenden wahrnehmen und verstehen zu können. Sie sollten übe- die notwendige Selbstreflexivität verfügen, um ihre eigene Rolle bzw. Tätigkeit aus einer zweiten Beobachterperspektive reflektieren und entsprechend professionalisieren zu können. Die Berater/innen müssen kritikfähig sein, damit sie sich mögliche Fehler im Beratungsprozess eingestehen und bereit sind diese zu beheben. (vgl. ebd., S. 4?)

Als weitere persönliche Voraussetzung für die Tätigkeit als Weiterbildungsberater'in ist es wichtig der Empfindung und den Gefühlen für die Problemlagen der Ratsuchenden fähig zu sein (vgl. ebd., S. 41).

Bei der Frage nach einer idealtypischen Ausbildung zur/zum Weiterbildungsbe-ater/ in ist erst einmal festzustellen, dass es sich hierbei um eine spezielle Art handeln muss. 1

Denn in den Weiterbildungsberatungsstellen werden von den Beratern/innen eigenständige Kompetenzen gefordert. Aufgrund der Unübersichtlichkeit der Weiterbildungsangebote wird die Beratung in diesem Bereich immer wichtiger, um hier für die notwendige Transparenz bei den Individuen zu sorgen, die auf der Suche nach der passenden Weiterbildung sind. (vgl. ebd., S. 39)

Wenn auch die Erforderlichkeit darin gesehen wird diese Weiterbildungsberater/innen spezifisch auszubilden, ist anzumerken, dass sich dies als äußerst problematisch erweist. Zum einen können diese Forderungen nicht zwangsläufig durchgesetzt werden, sondern jede/r Berater/in muss auch dazu bereit sein sich eigeninitiativ fortzubilden. Zum anderen gibt es für den Bereich der Weiterbildungsberatung noch kein durchgängiges Beratungskonzept und noch kein Berufsbild, an welchen sich orientiert werden kann, um eine idealtypische Ausbildung anbieten zu können. (vgl. ebd., S. 39 ff.)

Hinzu kommt, dass die Ausführung der Aufgaben als Weiterbildungsberater/in in erster Linie durch Learning by doing erlernt und verbessert werden können, indem sie die Beratungsgespräche bspw. dokumentieren und reflektieren sowie aufkommende Probleme bzw. Fehler beheben. Die Weiterbildung hängt vom jeweiligen Tätigkeitsfeld ab, in dem die/der Berater/in beschäftigt ist. (vgl. ebd., S. 41 f.) Somit ist die Entwicklung der Kompetenzen individuell gestaltbar und nie abgeschlossen, da sich bspw. immer wieder Änderungen bei den Weiterbildungsangeboten ergeben oder neue hinzukommen (vgl. ebd., S. 42).

Die berufsbegleitenden Supervisionen oder Fortbildungen zu entsprechenden Beratungsmethoden/-techniken und Informationsbeschaffungsstrategien, die alle Teilgebiete der beruflichen Tätigkeit als Weiterbildungsberater/in umfassen und dazu dienen die eigenen Kenntnisse zu erweitern, sind mögliche Fortbildungsangebote. Jedoch werden diese in organisierter Form derzeit entweder nur selten angeboten oder es lassen sich keine Aussagen über die Qualität und/oder die Zertifizierung machen. Abschließend lässt sich damit festhalten, dass es bisher keine idealtypische Ausbildung für dieses Tätigkeitsfeld gibt. (vgl. ebd., S. 42)

Über die erforderlichen Kompetenzen hinaus ist es wichtig, dass die Rahmenbedingungen, Normen und Anpassung der Beratungsinstitution geklärt sind und die Umwelteinflüsse berücksichtigt werden. Außerdem muss den Weiterbildungsberatern/innen ein autonomer Handlungsspielraum bei der Beratung zustehen, damit sich ihre pädagogische Professionalität entfalten kann. (vgl. ebd., S. 45) Hierbei wird von einer losen Kopplung zwischen der Ebene der Administration und der operativ-pädagogischen Ebene gesprochen, bei der die beiden Ebenen zum gegenseitigen Nutzen zusammenwirken (vgl. ebd., S. 46).

Um als Weiterbildungsberater/in genügend Handlungs- und Gestaltungsfreiheit zu haben, bedarf es des pädagogischen Mandats durch die eigene Beratungseinrichtung (vgl. ebd., S. 46). So können sie „[…] den sich sehr dynamisch und schnell verändernden Erwartungen von sozialen Umwelten – ausgedrückt durch die Interessen ihrer Ratsuchenden – entsprechen […]." (ebd., S. 46)

Einsendeaufgrabe 2

Abgrenzung der Weiterbildungsberatung von der Therapie

Die Aufgabenbereiche der Weiterbildungsberatung, oder Bildungsberatung, untergliedern sich in die personenbezogene und die organisationsbezogene Beratung. Dabei sind der personenbezogenen Beratung die Orientierungs-, Kompetenzentwicklungs- und Lernberatung als Aufgaben untergeordnet. Wohingegen die Qualifizierungsberatung für Betriebe und Organisationsberatung für Weiterbildungs- und Weiterbildungs- beratungseinrichtungen im Bereich der organisationsbezogenen Beratung eingeordnet wird. (vgl. Tippelt 2015, S. 15 ff.)

Aufgrund der Undurchlässigkeit der Bildungsgänge und der unüberschaubaren Vielzahl an Weiterbildungsangeboten am Markt, steigt die Nachfrage nach Beratungen im Bereich der Weiterbildung. Durch die Weiterbildungsberatung soll Transparenz gewährleistet werden (vgl. ebd., S. 5). Den Individuen, die mit dauerhaften Unsicherheiten wie bspw. Bildungsbenachteiligung, Lernungewohnheit, Jobwechsel und/oder dem damit einhergehenden Wechsel der Wohnung sowie Aus- und Weiterbildungsangebote etc. zu kämpfen haben, kann mit einer Beratung geholfen werden (vgl. Dewe, Wiesner, Zeuner 2005).

Die Weiterbildungsberatung im Allgemeinen richtet sich an Ratsuchende bzw. Klienten/innen (vgl. Kossack 2016, S. 2). Der Beratungsgegenstand ist hierbei die Frage nach der passenden Weiterbildung für die ratsuchende Person. Um dies herauszufinden, kann es entweder notwendig sein den Klienten/innen die innere Problem- /Konfliktlage deutlicher sichtbar zu machen oder Möglichkeiten für eine Weiterbildung aufzuzeigen und Informationssysteme wie bspw. Programmhefte oder Weiterbildungs- datenbanken zu präsentieren. (vgl. Tippelt 2015, S. 43 f.) Die zusammengetragenen Weiterbildungsangebote können dann im weiteren Verlauf des Beratungsprozesses kriterienorientiert bewertet werden. Kriterien zur Auswahl des geeigneten Weiterbildungsangebotes können z. B. die Zeiten, die Kosten oder der Fortbildungsort bzw. die Entfernung dazu sein. (vgl. Kossack 2016, S. 12)

Die Weiterbildungsberatung unterstützt die Ratsuchenden bei der Problemlösung bzw. Entscheidungsfindung zur Erreichung pädagogischer und bildungspolitischer Ziele der Weiterbildung (vgl. Tippelt 2015, S. 1). Jedoch liegt die Entscheidung allein bei den Ratsuchenden (vgl. ebd., S.43 f.). Dabei muss am Ende einer erfolgreichen Weiterbildungsberatung nicht zwingend die Problemlösung bzw. die Entscheidung für die Teilnahme an einem Weiterbildungsangebot stehen. Es geht in erster Linie um den bewussten und reflektierenden Weg der Problemlösung, durch die ratsuchende Person selbst. (vgl. ebd., S. 44) Denn die Beratung ist eine spezifische Interaktionsform, die den Individuen Hilfe zur Selbstorganisation bietet (vgl. Kossack 2016, S. 12).

Im Gegensatz zur Weiterbildungsberatung richtet sich die Therapie an Patienten/innen, und reagiert auf die Schwierigkeiten dieser mit ihrer eigenen Subjektivität bzw. deren Problemen mit dem Entwurf ihrer Identität zurechtzukommen. Der Fokus wird hierbei auf die individuelle Biographie gelegt. Es geht darum die bewussten und unbewussten Motive aufzudecken und zu bearbeiten, d.h. eine Diagnose zu erstellen. Bei dem Beratungsgegenstand handelt es sich um die psychosoziale Integrität, die beschädigt ist. Das Ziel der Therapie ist es die/den Patienten/in zu heilen und sie/ihn vom Leiden zu befreien bzw. die Gesundheit wiederherzustellen. Dabei entwickeln die Therapeuten/innen entsprechende Problemlösungen, die ihren Patienten/innen zur Wiederherstellung ihrer Selbststeuerung verhelfen. (vgl. Dewe, Wiesner, Zeuner 2005)

Stellt man die beiden Definitionen einander gegenüber ist festzustellen, dass es sich bei der Weiterbildungsberatung um eine spezifische Interaktionsform handelt, welche sich klar von der Therapie abgrenzt (vgl. Kossack 2016, S. 8). Zwar orientiert sich das beraterische Handeln an bevorzugten Therapien, dennoch widmet sich die Weiterbildungsberatung allein der Beschreibung der typisch alltäglichen Beratungsprobleme, „ohne sich der Logik [...] einer Psychologie und Therapieform zu eng verpflichtet zu fühlen" (Tippelt 2015, S. 42). Darüber hinaus werden unterschiedliche Ziele verfolgt und es handelt sich um eine Einbindung in unterschiedliche gesellschaftliche Systeme, trotz der fachlichen Nähe (vgl. ebd., S. 42).

Die Berater/innen zeigen während der Beratung Akzeptanz und schaffen ein wohlfühlendes Klima mit einfühlendem Verständnis für die Problemsituation der/des Ratsuchenden, was nicht bedeutet, dass die Weiterbildungsberatung einer starken Psychologisierung im Sinne einer Therapie ausgesetzt ist (vgl. ebd., S. 42). Es ist daher von besonderer Bedeutung, dass die Berater/innen die Abwehrstruktur bzw. innere Grenzziehung, die die Ratsuchenden mit der Formulierung des Problems anbieten, berücksichtigen, ernst nehmen und auf keinen Fall bloßlegen oder durchbrechen (vgl. ebd., S. 43). Dies ist ein wesentliches Merkmal der Beratung im Unterschied zur Therapie, welches oft zu Fehlern und damit zu Einbußen bei der Qualität des Beratungsprozesses führt. Denn einige Berater/innen beabsichtigen es, „das ‚eigentliche Problem' des Ratsuchenden zu benennen, an dieses heranzukommen und zu kontrollieren." (ebd., S.43 f.)

Darüber hinaus verbleibt bei der Weiterbildungsberatung jegliche Entscheidungsfindung bei den Ratsuchenden. Die Berater/innen unterstützen die Ratsuchenden lediglich bei der Entscheidungsvorbereitung. Die dem Berater abgeforderte Zurückhaltung, das auf der Oberfläche Angebotene aufzugreifen und damit zu arbeiten, erfordert eine große Kompetenz, Sensibilität und Selbstkontrolle vonseiten der/des Beraters/in. (vgl. ebd., S. 43 f.)

Die Gegenstandsbereiche der Gespräche sind also unterschiedlich, wohingegen die kommunikativen Strukturen dieser beiden Diskursformen ähnlich sind (vgl. ebd., S. 48 f.).

Einsendeaufgabe 3

Bedeutung von Supervision im Kontext der Weiterbildungsberatung

Zunächst wird der Begriff Supervision erläutert. Der Begriff ist ziemlich unklar definiert und wird häufig wenig durchdacht verwendet (vgl. Tippelt 2015, S. 48). Unter dem Be-griff ist allgemein die Beratung der Berater zu verstehen (vgl. ebd., S. 3). Die Supervi-sion ist eine fachliche Beratung und Begleitung einer/s Supervisanden/in durch eine/n Supervisor/in, bei der Fehler bzw. Probleme des beruflichen Handelns zur Sprache gebracht werden können. Dabei ist die/der Supervisor/in „ein Fachexperte, der in der Lage ist, Praxisberatung unter Beachtung besonderer Kriterien durchzuführen." (ebd., Glossar, Seite XI) Die Supervision kann auch zur psychologischen Vorsorge dienen und wird somit als psychologische/ psychohygienische Instanz für persönliche Sorgen und Probleme der Supervisanden/ innen oder zeitweise auch als Entlastungsinstanz für berufliche Beschwerden verstanden (vgl. ebd., S. 47 f.).

Da der Weiterbildungsberatung, wie zu den Einsendeaufgaben 1 und 2 bereits geschil-dert, eine zunehmende Bedeutung zukommt und die Berater/innen die Grenze der Entscheidungsabstinenz der Ratsuchenden berücksichtigen und nicht überschreiten dürfen, werden auch Fortbildungen für Weiterbildungsberater/innen als immer notwen-diger angesehen. Ein besonderes personenbezogenes Angebot der Fort-/Weiterbildung zur (Weiter-)Entwicklung der (notwendigen) eigenen Kompetenzen als Berater/in stellt hierbei die Supervision dar. (vgl. ebd., S. 42 ff.)

Um das professionelle Handeln der Berater/innen zu unterstützen, werden die Bera-tungsprozesse der Berater/innen mit den didaktischen und methodischen Maßnahmen sowie ihre kommunikativen und fachlichen Kenntnisse und Fähigkeiten im berateri-schen Handeln kritisch reflektiert. Dies regt die Berater/innen zur Reflexion der eigenen und fremden Praxis an, wodurch Grundlagen für Verhaltensänderungen geschaffen werden können. Jedoch wird bei der Supervision vorausgesetzt, dass beide Bera-ter/innen auf Augenhöhe miteinander kommunizieren und beiderseitige Akzeptanz und Wertschätzung herrscht. (vgl. ebd., S. 47 f.)

Die Mitarbeiter/innen im Bereich der Weiterbildungsberatung haben oft einen hohen Beratungsanteil und müssen mit Zielgruppen und Personen umgehen, die mit sehr schwierigen Lebenssituationen/Problemen zu kämpfen haben. Durch die einfühlsame Beratung dieser Menschen ergeben sich häufig persönliche emotionale Belastungen bei den Beratern/innen. Eine Supervision dient in diesen Fällen der psychischen Er-leichterung der Mitarbeiter/innen und kann somit einem Burn-Out vorbeugen. (vgl. ebd., S. 48)

Jedoch ist ein hinreichendes Maß an psychischer Stabilität der/des Supervisanden/in eine grundlegende Voraussetzung zur Teilnahme an einer Supervision. Die Supervisionsprozesse können entweder in der Gruppe oder in einem Einzelgespräch mit einer/m Supervisanden/in erfolgen. (vgl. ebd., S. 49) Die Ziele für einen konkreten Supervisionsprozess werden mit der/dem Supervisanden/in je nach Anlass für die Supervision in einem ersten Gespräch formuliert und in einem Kontrakt festgehalten (vgl. Brandl o. D.). Die Inhalte der Supervision können je nach Zielvereinbarung sehr unterschiedlich sein (vgl. Schmitt o. D.).

Eine Einzelsupervision bietet sich an, wenn es um stärkere persönliche Probleme einer/s Supervisanden/in geht. Inhalte könnte bspw. Schwierigkeiten der/des Supervisanden/in mit der didaktischen Strukturierung oder eingesetzten Methoden/Beratungstechniken sein, wodurch Fehler in den Beratungsprozessen entstehen. Dazu könnte die/der Supervisand/in den Rat bei der/dem Supervisor/in suchen, um Strukturierungsmöglichkeiten bzw. Ansätze zusammenstellen zu können, die zur Verbesserung des beruflichen Handelns beitragen. Bestandteil einer Einzelsupervision kann im Allgemeinen die Besprechung der beruflichen Situation einer/s Supervisanden/in im Einzelgespräch mit einer/m Supervisor/in sein. Dabei können erlebte Gefühle, Empfindungen, Wahrnehmungen, Gedanken, Werte oder Verhaltensmuster thematisiert werden. (vgl. ebd.) Der Vorteil der Einzelsupervision liegt darin, dass sich die/der Supervisor/in auf die berufliche Tätigkeit einer/s Beraters/in fokussieren kann, wodurch eine Beständigkeit bei den Themen gegeben ist (vgl. Tippelt 2015, S. 49).

Bei der Gruppensupervision treffen Mitarbeiter/innen verschiedener Teams aus dem Bereich der Weiterbildungsberatung mit einer breiteren Erfahrungsgrundlage aufeinander (vgl. ebd., S. 49). Es können bspw. aufkommende Fragestellungen oder problematische Fälle aus der beruflichen Praxis thematisiert und besprochen werden. Dies dient zum einen der Verbesserung der Kommunikations- und Kooperationsfähigkeit zwischen den Mitarbeitern/innen, den ratsuchenden Personen und Vorgesetzten sowie zur Unterstützung der Organisationen oder der Unternehmen bei der Umsetzung ihrer Aufgaben. Durch die Reflexion der beruflichen Rollen und die Förderung gemeinsamer Lern- und Entwicklungsprozesse kann die Supervision von Teams bzw. Gruppen zur Erreichung ihrer Ziele und der Personalentwicklung beitragen. (vgl. Brandl o. D.)

Generell gibt es viele verschiedene Supervisionskonzepte, jedoch existieren im Bereich der Pädagogik bisher nur wenige. Neben der kollegialen berufsbegleitenden Beratung sind die psychoanalytische Balint-Gruppe und Gruppen zur themenzentrierten Interaktion die bekanntesten Formen der Supervision. (vgl. Tippelt 2015, S. 49 ff.) Bei diesen Ansätzen stehen die beruflich Handelnden im Fokus mit ihrer beruflichen Identität und den damit verbundenen Beziehungen. Ihre methodisch-didaktische und organisatorische Sacharbeit wird dabei außer Acht gelassen. (vgl. ebd., S. 51)

In Balint-Gruppen ist es meist so, dass ein/e beruflich Handelnde/r der Gruppe einen Fall aus der beruflichen Praxis schildert und wie ihre/seine persönliche Empfindung in dieser Situation war bzw. welche Probleme sich ergeben haben. Die anderen Teilnehmenden hören aufmerksam zu. Nachfolgend wird in der Gruppe die Vorgehensweise diskutiert und es werden Lösungsstrategien gesucht bzw. können Verbesserungs- und Orientierungsstrukturen erarbeitet werden. (vgl. ebd., S. 49 ff.)

Die themenzentrierte Interaktion (TZI) hat als Ziel die Balance zwischen dem Inhalt (ES), der Gruppe (WIR) und der/dem beruflich Handelnden im beruflichen Umfeld (GLOBE) zu halten. Darum eignet sich die TZI insbesondere auch zur Betrachtung der Sachebene der Weiterbildung. Die TZI eignet sich zur Förderung der Kooperationsbereitschaft und hilft Konkurrenzkämpfe aufzudecken. Der Realitätssinn kann gestärkt werden und es hilft den Teilnehmenden den Zusammenhalt der Gruppe und die Verantwortlichkeit für sich, den Inhalt und die Gruppe zu spüren, um sich nicht vorschnell an Situationen anzupassen oder in persönliche und gesellschaftlichen Illusionen zu verfallen. (vgl. ebd., S. 24)

Die pädagogische Supervision konzentriert sich eher auf die methodisch-didaktische Ebene der Dozenten, die ziel- und berufsperspektivische Ebene und die persönlichkeitsorientierte/individualpsychologische Ebene, wodurch sie weniger personenzentriert ist als die anderen Supervisionsformen (vgl. ebd., S. 51).

Zusammenfassend ist festzuhalten, dass es durchaus sinnvoll ist die verschiedenen Konzepte der Supervision im Bereich der Weiterbildung weiterzuentwickeln und diese institutionell stärker zu verankern. Wie oben aufgeführt ist die Supervision eine optimale Maßnahme, um die Weiterbildungsberatungsprozesse zu professionalisieren. Darüber hinaus lässt sich den psychischen Problemen der beruflich Handelnden vorbeugen. Die Supervision dient der Weiterqualifizierung der Berater/innen und der persönlichen Weiterentwicklung. Es können notwendige Kompetenzen weiter ausgebaut werden. Hinzu kommt, dass es derzeit nur wenige und wenn ziemlich überteuerte Beratungs-/Fortbildungsangebote für Weiterbildungsberater/innen gibt. (vgl. ebd., S. 51 ff.)

Einsendeaufgabe 4

Phasenschemata von Beratungsprozessen und ihre Kommunikationsstruktur

Es handelt sich bei Beratungsgesprächen um komplexe Prozesse, weshalb ein hohes Maß an kommunikativen und interaktiven Fähigkeiten der Berater/innen erforderlich ist. Eine gewisse Strukturierung der Prozesse ist nötig, wozu sogenannte Gesprächs- bzw. Phasenschemata entwickelt wurden, die auch in der Bildungsberatung Anwendung finden. (vgl. Kossack 2016, S. 42 ff.) Eine Auswahl dieser wird im Folgenden dargelegt.

Das Zwölf-Phasen-Modell nach Rogers durchläuft von dem zunächst Hilfesuchenden Klienten die Schritte der Situationsbeschreibung, der Ermutigung zum Ausdruck, der Akzeptanz und Klärung durch die/den Berater/in, dem stufenweisen fortschreitenden Ausdruck positiver Gefühle, die Erkennung positiver Impulse, die Einsichtsentwicklung, die Klärung der zur Auswahl stehenden Möglichkeiten hin zur Umsetzung positiver Handlungen, wachsender Einsicht, gesteigerter Unabhängigkeit und nachlassendem Hilfsbedürfnis der/des Klienten/in. (vgl. ebd., S. 42)

Diese Schrittfolge soll nur annähernd den Beratungsprozess darstellen. Denn Bera-tungsgespräche sind interaktive Prozesse, deren verschiedene Phasen sich eher über-lagern oder ineinander übergehen. Darum hinterlässt Rogers in der Literatur auch den Hinweis, das Schema nicht als Solches zu gebrauchen, da die Schrittfolge keinen line-aren Prozess darstellt. (vgl. ebd., S. 42)

Fittkau entwickelte für die pädagogische Gestaltberatung ein fünfstufiges Phasenmo-dell. Das Modell besteht aus den Phasen der Definition des Zielzustandes, der Fokus-sierung auf bisherige Lösungsstrategien und/oder Teillösungen, der Bewertungen der Fortschritte, der gemeinsamen Erarbeitung nächster Schritte sowie der Markierung und Stabilisierung der erreichten Teilziele. (vgl. ebd., S. 43)

Für den Bereich der Lernberatung wurde von Kemper und Klein ein Phasenmodell mit sechs Phasen entwickelt, das als Ergänzung des vorherig Dargelegten zu verstehen ist. Sofern es sich in der Praxis umsetzen lässt, handelt es sich um eine systematische Integration der Kontrolle des Beratungserfolges in den Beratungsprozess. Das Modell sieht folgende Phasen vor: den Beratungsanlass, die Festlegung des Beratungsziels, die Situationsdiagnose, die Erarbeitung der Bearbeitungsmöglichkeiten, die Erpro-bung/Umsetzung und die Ergebnisprüfung. (vgl. ebd., S. 43)

Als Kommunikationsstruktur könnte den erläuternden Phasenmodellen die einer Kette zugrunde liegen, rein formal betrachtet, da die einzelnen Schritte verfolgt werden. Jedoch kann nach Meinung der Verfasserin keine eindeutige Kommunikationsstruktur bestimmt werden, da die Phasenmodelle eben nur eine Strukturierungshilfe bieten und nicht die tatsächlichen Kommunikationswege/-strukturen in der Realität abbilden. Bei einer Einzelberatung gleicht die Struktur der Kommunikation grundlegend einer Kette mit einzelnen Teilschritten, die zum Ziel der/des Klienten/in hinführen sollen. Dahingegen könnte bei einer Gruppenberatung eher die eines Kreises oder eines Sternes zugrunde liegen, durch den gegenseitigen Austausch der Teilnehmer/innen über einen Fall bzw. ein geschildertes Problem eines Gruppenmitgliedes und damit verbundene gemeinsame Erarbeitung einer Lösung. Die/Der Berater/in würde dann eher die Moderation übernehmen. (vgl. Rosenstiel 2000, S. 287)

Die Probleme, die sich beim Rückgriff auf Phasenschemata ergeben, wurden bei der Darstellung des Zwölf-Phasen-Modells von Rogers schon kurz angesprochen. Nähere Erläuterungen sollen in den folgenden Abschnitten zusammengetragen werden.

Wenn auch die Phasenschemata eine gewisse Richtschnur zur Strukturierung der Gesprächsphasen/-prozessen liefern, bilden sie nicht die Komplexität des Interaktionsgeschehens ab und unterstellen eine lineare Abfolge der Phasen. Solche Phasenschemata können also keine Beratungsgespräche/-prozesse abbilden, wie sie tatsächlich stattfinden bzw. stattgefunden haben und es können keine angemessenen Modelle für den Bereich der Bildungsberatung entwickelt werden. Es herrscht dafür zu viel Kommunikation und Interaktion zwischen Berater/in und Klient/in. Dafür sind die Schemata zu statisch und unflexibel. (vgl. Kossack 2016, S. 43 ff.)

Um die mit der/dem Klienten/in vereinbarten Beratungsziele zu erreichen, werden den Beratungsphasen entsprechende Beratungsinstrumente zugeordnet. Jedoch ist es schwierig einen solchen Beratungserfolg oder die Qualität einer Beratung messen zu können bzw. bedeutet eine Zielvereinbarung nicht, dass alle Ziele innerhalb des Beratungsprozesses auch tatsächlich erreicht werden. (vgl. ebd., S. 43 ff.) Darüber hinaus gibt es eine Vielzahl von Instrumenten und Werkzeugen, die zur Dokumentation der Beratungsgespräche oder zur Generierung der Informationen von den Ratsuchenden entwickelt wurden. Es ist festzuhalten, dass Beratungssituationen trotz professioneller Strukturierung nicht kontrollierbar sind und damit nicht konkret handlungsleitend wirken können. (vgl. ebd., S. 45 ff.)

Darüber hinaus sind bei der Frage nach der Qualität verschiedene Qualitätsdimensionen zu unterscheiden, zu denen die Strukturqualität des Beratungsprozesses, die Prozessqualität und die Ergebnisqualität zählen. Diese unterschiedlichen Dimensionen sind mit entsprechenden Instrumenten zu evaluieren. So kann über die Bewertung der Qualität die Beschreibung des Erfolges der Weiterbildungsberatung erfolgen. (vgl. ebd., S. 47)

Einsendeaufgabe 5

Geschäftsmodellentwurf für ein Bildungsberatungsangebot

Zunächst wird auf die Bedeutung eines Businessplans/Geschäftsmodells eingegangen. Im Anschluss daran werden gemäß der Aufgabenstellung die Komponenten des Ge-schäftsmodells anhand der entsprechenden Leitfragen veranschaulicht sowie die recht-lichen und organisatorischen Rahmenbedingungen für den Bereich der Bildungsbera-tung. Mittels der Leitfragen wird dann ein Geschäftsmodellentwurf für ein Bildungsbera-tungsangebot für eine entsprechende Zielgruppe für Kaiserslautern dargestellt.

Zur Antragsstellung bzw. Vorlage bei den Geldgebern ist häufig ein *Businessplan* er-forderlich. Dieser dient als Strategiepapier zur Etablierung einer Geschäftsidee. Denn es werden das unternehmerische Vorhaben mit den entsprechenden Zielen, Strategien und Maßnahmen sowie den Rahmenbedingungen anschaulich beschrieben. Es han-delt sich um ein Management- und Controllinginstrument. (vgl. Kossack 2016, S. 79 f.) Das *Geschäftsmodell* ist dem Businessplan gegenüber ein erster Versuch die Funkti-onsweise, der professionell organisierten Strukturen und Abläufe mit dem jeweiligen Zusammenhang zu beschreiben. Bezogen auf den Bereich der Bildungsberatung, wer-den hierzu nach Müller und Knelke fünf Komponenten unterschieden. Unter der Kom-ponente der Produkt-Markt-Kombination, erfolgt die Beschreibung der angebotenen Produkte bzw. Dienstleistungen, das entsprechende Marktumfeld, auf dem dieses an-geboten wird und die Zielgruppe, die mit dem Angebot erreicht werden soll. (vgl. ebd., S. 78)

Mit der Komponente der Wertschöpfungsprozesse werden die entwickelten bzw. noch aufzubauenden Aufgaben und Prozesse erfasst, durch welche die Leistungen erbracht werden (vgl. ebd., S. 78).

Bei der Komponente der Marktpositionierung geht es darum, das Angebotsumfeld bzw. den vorhandenen Markt zu beschreiben. Hierbei werden Konkurrenzprodukte bzw. -dienstleistungen und mögliche Institutionen erfasst, mit denen eine Kooperation denk-bar wäre. (vgl. ebd., S. 78)

Unter dem Punkt, Finanzierung/Erträge, geht es um die Darlegung der ökonomischen Tragfähigkeit. Es soll beschrieben werden, wie Einnahmen erzielt werden, ob dies durch die Kunden direkt geschieht oder indirekt mittels Fördergelder. (vgl. ebd., S. 78)

Bei der letzten Komponente, dem Wertschöpfungsnetz, wird das Netzwerk veranschaulicht, welches dazu dient bzw. dienen kann das entworfene Beratungsangebot darin zu integrieren. (vgl. ebd., S. 78)

Zusätzlich zu diesen fünf Komponenten sind auch die rechtlichen und organisatorischen Rahmenbedingungen im Bereich der Bildungsberatung zu berücksichtigen.

Jedoch ist die Weiterbildungsberatung aufgrund der spezifischen verfassungsrechtlichen Aufgabenverteilung zwischen Bund und Ländern im Bildungsbereich (Subsidiaritätsprinzip) nur wenig geregelt. Dabei ist die Bildungsberatung auf der Bundesebene bei der Bundesagentur für Arbeit angesiedelt. Dies ist entsprechend im Sozialgesetzbuch (SGB III) geregelt, wonach „die Berufsberatung den Auftrag, Auskunft und Rat zu erteilen hat ‚zur Berufswahl, zur beruflichen Entwicklung und zum Berufswechsel, zur Lage und Entwicklung des Arbeitsmarktes und der Berufe, zu den Möglichkeiten der beruflichen Bildung, zur Ausbildungs- und Arbeitsstellensuche, zu Leistungen der Arbeitsförderung, zu Fragen der Ausbildungsförderung und der schulischen Bildung, soweit sie für die Berufswahl und die berufliche Bildung von Bedeutung sind.'"(§ 30 SGB III)

Eine eindeutige Regelung zur Form der Beratung gibt es nicht. Es existieren nur allgemeine Vorgaben auf der Kommunalebene, wie bspw. das Brandenburgische Weiterbildungsgesetz § 10 Abs. 3, P. 3. (vgl. ebd., S. 76)

Zu den organisatorischen Rahmenbedingungen lässt sich festhalten, dass unterschiedliche Modelle im Bereich der Bildungsberatung entwickelt wurden (vgl. ebd., S. 77). Die Bildungsberatung kann entweder trägergebunden oder trägerübergreifend von einer eigens ausdifferenzierten Beratungsstelle bzw. in interorganisationaler Kooperation angeboten werden (vgl. Tippelt 2015, S. 20 ff.).

Weiterhin ist hier danach gefragt, wie Bildungsberatung in der Praxis organisiert wird und somit stellt sich die Frage nach dem Geschäftsmodell. Dabei gibt es zwei Szenarien. Zum einen kann der Versuch unternommen werden ein Beratungsangebot neu aufzubauen. Zum anderen kann die Herausforderung angenommen werden, ein bspw. nach der Förderzeit abgelaufenes Beratungsangebot nachhaltig zu etablieren. (vgl. ebd., S. 77)

Zu den beschriebenen fünf Komponenten des Geschäftsmodells wird im Folgenden der Geschäftsmodellentwurf beschrieben. Es wird hierbei der Versuch unternommen ein neues Beratungsangebot aufzubauen. (vgl. ebd., S. 78 ff.)

Komponente Produkt-Markt-Kombination:
Es soll die Bildungsberatung als Dienstleistung angeboten werden, die sowohl bei Fragen rund um Weiterbildungsangebote und damit zur Kompetenzentwicklung in Anspruch genommen werden kann als auch zur üblichen Beratung in Lernsituationen. Der Fokus wird auf die personenbezogene Beratung gelegt. Denkbar ist nach der Etablierung auch ein Ausbau um die organisationsbezogene Beratung zur Beratung der Betriebe und Weiterbildungseinrichtungen. (vgl. Tippelt 2015, S. 16 ff.)

Derzeit gibt es nur wenig eigenständig wirkende Beratungsstellen. Meist werden solche Beratungen trägergebunden bspw. von Weiterbildungsinstitutionen oder der Agentur für Arbeit angeboten. Jedoch ist dies nicht vorteilhaft, da die Mitarbeiter/innen, die diese Beratungen durchführen nicht über die notwendigen Kompetenzen verfügen, um Beratungsgespräche solcher Art führen zu können. Darüber hinaus kommen sie in Versuchung die Angebote der Träger in den Vordergrund zu stellen.

Das Angebot soll schwerpunktmäßig in der Stadt Kaiserslautern insbesondere bildungsferne Menschen ansprechen. Hierbei kann es sich um Arbeitssuchende, Menschen mit keinem oder niedrigem Schulabschluss etc. handeln. Diese sollen dabei unterstützt werden ihre Kompetenzen entsprechend den Anforderungen des Arbeitsmarktes mit entsprechenden Weiterbildungsangeboten auszubauen. Sie sollen damit Hilfestellung bekommen einen Arbeitsplatz zu finden bzw. sich für entsprechende Jobs zu qualifizieren. Die Bildungsberatung soll auch Frauen und Männer ansprechen, die Unterstützung benötigen, um den Übergang von der Elternzeit zurück ins Berufsleben zu finden bzw. zu vereinfachen. Sie sollen dabei beraten werden und Unterstützung erhalten, wie sie ihre Kompetenzen bereits während der Elternzeit weiterentwickeln können. Darüber hinaus soll bei der Klärung von Finanzierungsmöglichkeiten, wie bspw. BAföG und Bildungsprämie unterstützt werden.

Ein hohes Maß an Internetpräsenz soll dazu dienen die Zielgruppe bzw. die Kunden sowohl über einen eigenen Internetauftritt als auch über soziale Medien wie Facebook, Instagram, Twitter und YouTube zu erreichen und auf das Angebot aufmerksam zu machen. Eine Aufnahme in das Portal zur Beratungssuche des InfoWeb Weiterbildung (IWWB) ist geplant sowie der Druck von Flyer, die über erste persönliche Kontakte/Ansprachen auf Veranstaltungen verteilt werden sollen.

Die Weiterbildungsberatung soll für die Endverbraucher sehr kostengünstig oder sogar kostenlos angeboten werden, in dem sich die Weiterbildungsberatungsstelle weitgehend durch Fördergelder finanziert.

Die Individuen sind aufgrund des unüberschaubaren Weiterbildungsmarktes meist hilflos bei der Wahl des Weiterbildungsangebotes oder wissen nicht wo sie sich in Problemsituationen hinwenden können. Somit nützt die Bildungsberatung jedem einzelnen, um Hilfestellung dabei zu erhalten die eigenen Handlungsmöglichkeiten zu erweitern und/oder für die beschriebenen Probleme mögliche Lösungswege zu finden. Die Dienstleistung bietet den Individuen Orientierung, Unterstützung und liefert die notwendigen Informationen.

Komponente Wertschöpfungsprozesse:

Es ist angedacht die Dienstleistung als trägerübergreifende Beratungsstelle mit entsprechend ausgebildeten Mitarbeitern zu erbringen. Hierbei handelt es sich um vier ausgebildete Weiterbildungsberaterinnen mit unterschiedlicher langjähriger Berufserfahrung. Zwei der Berater haben bereits Erfahrungen in der Beratungsstelle der Kaiserslauterer Volkshochschule e.V. (VHS) sammeln können. Die anderen Beiden haben an Programmen zu unterschiedlichen Beratungskonzepten teilgenommen, wie der themenzentrierten Interaktion (vgl. Tippelt 2015, S. 33). Des Weiteren sind vier Schulberaterinnen aus unterschiedlichen Schulstufen tätig, die das Studium der Beratungslehrkraft absolviert haben und bereits mehrere praktische Erfahrungen im Bereich Schule sammeln konnten. Sie sind neben der Tätigkeit als Lehrkraft tätig.

Kooperationen mit der VHS, den allgemeinbildenden Schulen und Berufsschulen, der Hochschule und Technischen Universität sind geplant sowie mit der Handwerkskammer Kaiserslautern (HWK) und weiteren Unternehmen der Region. So kann Informationsaustausch stattfinden und es können vereinzelnd Aufgaben aufgeteilt werden. Die genannten Stellen können bei der Bekanntmachung der Weiterbildungsberatungsstelle helfen. Beratung an diesen Stellen soll zum Großteil auf die Beratungsstelle ausgelagert werden, um die trägergebundenen Stellen dahingehend zu entlasten und den Beratungserfolg der Ratsuchenden zu verbessern bzw. die Beratungsprozesse zu professionalisieren. Insbesondere die Kooperation mit Unternehmen wird als vorteilhaft angesehen, um die beruflichen Anforderungen und mögliche Jobchancen erfassen zu können.

Komponente Marktpositionierung:
Wie oben bereits benannt werden in Kaiserslautern derzeit nur Beratungen von trägergebundenen Beratungsstellen wie der HWK, VHS, der Arbeitsagentur etc. angeboten. Insbesondere die Weiterbildungs-/Informationsberatung wird bereits von der HWK und der VHS in Bezug auf deren Programme/Kurse angeboten. Sie versuchen in erster Linie die eigenen Dienstleistungen zu vermarkten. Darum werden diese Angebote als indirekte Konkurrenz betrachtet. Die Beratung der Arbeitsagentur wird dahingegen als direkte Konkurrenz wahrgenommen, da sie die gleiche Zielgruppe anspricht wie das eigene Angebot.

Aus diesem Grund sollen Kooperationen/Netzwerke mit Weiterbildungsberatungsanbieter/-einrichtungen gebildet werden, um miteinander arbeiten zu können.

Das Besondere am eigenen Angebot ist, dass die Dienstleistung von qualifizierten Berater/innen durchgeführt wird, deren Hauptaufgabe die Weiterbildungsberatung ist. Sie können sich für die Ratsuchenden Zeit nehmen und diese individuell beraten. Die Berater/innen können eine wohlfühlende Umgebung schaffen und den Ratsuchenden ihre Ängste nehmen. Es sollen auch virtuelle Umgebungen zur Verfügung stehen, über die die Individuen einen Überblick über das Angebot erhalten und Termine vereinbaren können. Weiterhin sollen auch Online-Beratungen angeboten werden, die es ihnen ermöglicht auch von zu Hause aus die Beratungen in Anspruch zu nehmen, wenn Sie sich dort wohler fühlen. Weiterhin ist anzumerken, dass die trägerübergreifende Beratungsstelle die anderen Beratungsstellen entlasten kann.

Komponente Finanzierung/Erträge:
In erster Linie sollen die Einnahmen indirekt über Fördergelder generiert werden. Es könnten aber auch bei weiterem Ausbau des Angebotes bspw. Unternehmen der Region mit einbezogen werden, die als Auftraggeber im Bereich Personalentwicklung beraten werden. Es ist auch denkbar, dass in diesem Zusammenhang die Mitarbeiter/innen im Auftrag des Unternehmens beraten bzw. zunächst einmal darüber informiert werden, dass es eine solche Beratungsstelle gibt. Dies dient unter anderem als Werbemaßnahme.

Aufgrund der knapper werdenden kommunalen Gelder, soll auf eine Mischfinanzierung gesetzt werden aus Fördergeldern der Kommune, Länder und des Bundes. Eingebunden werden sollen bspw. die VHS, HWK und die Agentur für Arbeit. (vgl. Tippelt 2015, S. 57)

In Anbetracht der Zielgruppe sollen für das Weiterbildungsberatungsangebot keine Gebühren bei den ratsuchenden Personen erhoben werden. Sofern das Angebot wie oben darauf eingegangen erweitert wird, sollen die Preise für die Beratung von Unternehmen nochmals mittels Orientierung an der Konkurrenz überdacht werden.

Komponente Wertschöpfungsnetz:
Derzeit sind vereinzelnd Kontakte über die Mitarbeiter/innen vorhanden, die weiter ausgebaut werden sollen. Ein Bildungsnetzwerk soll, gemäß dem Projekt „Lernende Region" etabliert werden. Hierbei kommt es aber auf die Verfolgung gemeinsamer Ziele und damit auf ein abgestimmtes Handeln und gemeinsames Vertrauen an, weshalb noch mehrere Gespräche notwendig sind. Es bedarf dann einer regelmäßigen Überprüfung und Bestimmung neuer Ziele und Maßnahmen. (vgl. ebd. S. 53 ff.)

Die Berater, die zuvor als Beraterin an der VHS gearbeitet haben, pflegen auch weiterhin den Kontakt, um Kooperationsmöglichkeiten abzustimmen. Die Schulberaterinnen haben Kontakte zu den Schulen im Umkreis und einzelnen Betrieben, sodass ein Austausch möglich erscheint. Des Weiteren können durch erste Austauschgespräche mit der HWK Kaiserslautern weitere Kontakte mit regionalen Unternehmen geknüpft werden. (vgl. Kossack 2016, S. 79)

Literaturverzeichnis

Arnold R. (2015): Die Entgrenzung der Weiterbildung. Studienbrief Nr. EB 0210 des Master-Fernstudienganges Erwachsenenbildung der TU Kaiserslautern. Unveröffentlichtes Manuskript. Kaiserslautern.

Brandl M. (o.D.): PRAXIS & VISION CONSULT Supervision und Weiterbildung unter: http://praxis-und-vision.de/pvc/form.html

Dewe B., Wiesner G., Zeuner C. (2005): Theoretische Grundlagen und Perspektiven der Erwachsenenbildung Dokumentation der Jahrestagung 2004 der Sektion Erwachsenenbildung der Deutschen Gesellschaft für Erziehungswissenschaft. REPORT Literatur- und Forschungsreport Weiterbildung. Heft 1/2005. [online] Bielefeld: Deutsches Institut für Erwachsenenbildung e.V., Seite 150-157. Unter: http://www.die-bonn.de/id/118711

Kossack P. (2016): Bildungsberatung – Felder, Modelle und Finanzierung. Studienbrief Nr. EB 0920 des Master-Fernstudiengangs Erwachsenenbildung der TU Kaiserslautern. Unveröffentlichtes Manuskript. Kaiserslautern.

Rosenstiel, L. von (2000): Grundlagen der Organisationspsychologie – Basiswissen und Anwendunghinweise. 4. überarbeitete und erweiterte Auflage. Stuttgart: Schäffer-Pöschel.

Schmitt S. (o.D.): Supervision, unter https://www.silvana-schmitt.de/mein-angebot/supervision.html

Tippelt R., Legni C. (2015): Weiterbildungsinformation und –beratung. Studienbrief Nr. EB 0910 des Master-Fernstudienganges Erwachsenenbildung der TU Kaiserslautern. 3. aktualisierte und überarbeitete Auflage. Unveröffentlichtes Manuskript. Kaiserslautern.